ANDROS ET ALMONA,

OU

LE FRANÇAIS A BASSORA,

COMÉDIE EN TROIS ACTES,

MÊLÉE D'ARIETTES,

Représentée pour la première fois, à Paris, sur le théâtre de l'Opéra-Comique, le 4 février 1794.

Paroles de A. DUVAL et de L. B. PICARD;

Musique de LEMIERRE.

Prix, 1 f. 50 c.

A PARIS,

Chez MARTINET, Libraire, rue du Coq
n°s 13 et 15.

IMPRIMERIE DE CHAIGNIEAU AÎNÉ.
1810.

PERSONNAGES.	ACTEURS.
LE GRAND BRAMINE.	M. SOLIÉ.
ANDROS, jeune Français.	M. MICHU.
DOM JÉRONIMO, dominicain espagnol.	M. CHÉNARD.
AARON, rabbin ou prêtre juif.	M. SAINT-AUBIN.
ALLABRAK, iman ou prêtre turc.	M. MÉNIER.
SETOC, marchand Indien.	M. GRANGER.
CADOR, magistrat de Bassora.	M. PAULIN.
IBRAHIM, jeune initié	Mlle CARLINE.
ALMONA, jeune veuve Indienne.	Mme SAINT-AUBIN.

UN BRAMINE.
BRAMES.
PEUPLE de toutes les nations.

La Scène se passe à Bassora.

ANDROS ET ALMONA,

OU

LE FRANÇAIS A BASSORA,

COMÉDIE.

ACTE PREMIER.

Le Théâtre représente une Place publique.

SCÈNE PREMIÈRE.

DOM JÉRONIMO, ALLABRAK, AARON, LE GRAND BRAMINE, PEUPLE, BRAMES.

(Chaque prêtre fait groupe avec les gens de sa religion ; Andros seul sur le devant du théâtre.)

CHŒUR GÉNÉRAL.

Être puissant ! toi qui créas la terre,
Que ton culte divin, objet de notre amour,
Semblable aux doux rayons du jour,
Dans le cœur des humains répande sa lumière.

LE GRAND BRAMINE.

Peuple, rends grâce à l'Eternel,
Qui sur les ailes du bon ange
Conduit au quatrième ciel
Les mortels bienheureux nés sur les bords du Gange.

(Il fait les cérémonies du culte des brames.)

ALLABRAK.

Vous seuls, ô vrais croyans ! irez en paradis,
 Que nous promet le grand prophète,
Et vous seuls goûterez, dans le sein des houris,
 Une félicité parfaite.

(*Cérémonies turques.*)

AARON.

Vivez toujours dans l'union,
Enfans de Jacob et d'Elie ;
Vous verrez renaître Sion,
Et paraître enfin le Messie.

(*Cérémonies juives.*)

DOM JÉRONIMO.

Soyez toujours charitables, humains,
 Zélés et pieux catholiques.
Quel plaisir ! vous serez un jour au rang des saints,
 Et vous verrez damner les hérétiques.

(*Cérémonies chrétiennes.*)

ANDROS.

Ainsi la sottise et l'erreur
Couvrent les trois quarts de la terre ;
Et par-tout le prêtre imposteur
Abuse le faible vulgaire.

AARON.

Moyse !

ALLABRAK.

Mahomet !

LE GRAND BRAMINE.

Brama !

DOM JÉRONIMO.

    Dieu des chrétiens !

TOUS LES QUATRE.

Et des biens et des maux, ô toi, source féconde !
 Pour tes élus garde tes biens,
Et ta fureur pour le reste du monde.

ANDROS.

Laissons chacun à ses faux dieux
Demander la mort de son frère;
Et s'il te faut une prière,
Etre suprême, entends mes vœux;
Répands tes biens et ta lumière
Egalement sur tes enfans;
Que les traîtres et les méchans
Eprouvent seuls ta colère,
Que l'homme en son pareil trouve par-tout un frère!

LE GRAND BRAMINE.

La prière du soleil levant est finie; allez vaquer à vos affaires. (*Il rentre dans le temple, suivi des brames. Le peuple se disperse.*)

ALLABRAK *aux Turcs.*

La sagesse de Mahomet présidera à toutes vos opérations; vous avez commencé la journée par l'invoquer. (*Il se retire avec les Turcs.*)

DOM JÉRONIMO *aux Chrétiens.*

Allez, mes frères, et si vous avez des aumônes à faire, apportez-les-moi; je me charge de les distribuer aux pauvres. (*Les Chrétiens sortent.*)

AARON *aux Juifs.*

Enfans d'Israël, vous avez dit votre prière du matin vous pouvez aller retirer l'intérêt de votre argent. (*Les Juifs sortent.*)

SCÈNE II.

ANDROS, SETOC.

ANDROS.

Et moi, j'ai demandé à Dieu le bonheur de tous mes frères, de quelque religion qu'ils soient; je sens que je vais passer une bien douce journée.

SETOC.

Bonjour, brave Français.

ANDROS.

Je te salue, Setoc.

SETOC.

Voilà un mois que tu es mon esclave.

ANDROS.

Ton esclave? tu te trompes.

SETOC.

Ne t'ais-je pas acheté du marchand arabe qui a pris ton vaisseau?

ANDROS.

Oui; mais il t'a vendu ce qui n'était pas en sa puissance.

SETOC.

Quoi donc?

ANDROS.

Ma liberté. J'étais maître de périr ou de me rendre. Je me suis rendu dans l'espoir d'être encore utile à l'humanité. Je t'ai trouvé bon, juste, généreux. Si tu avais été dur, cruel, intraitable, je me serais bientôt soustrait à ton pouvoir.

SETOC.

Comment?

ANDROS.

En cessant de vivre. Tu vois que je n'ai pas perdu un instant la faculté de disposer de moi.

SETOC.

Andros, tu me donnes une haute idée de ta nation. Mais écoute ; nous sommes depuis trois jours à la foire de Bassora. Tu le vois, cette ville est, pour ainsi dire, le rendez-vous de tous les peuples. Tu y trouveras sans doute des Français, des moyens de retourner dans ta patrie. Va, je te rends tous les droits que les hommes peuvent m'avoir donnés sur toi. Sois libre, sois heureux, et quand tu auras repassé les mers, songe quelquefois à ton ami Setoc, et donne une larme à sa mémoire.

ANDROS.

Digne homme ! je te remercie ; mais je veux te payer de tes bons sentimens. Je t'ai vu tout-à-l'heure confondu avec les gens de ta secte, mêler tes chants à ceux des brames. Ton âme serait-elle environnée des ténèbres de la superstition ? Je veux les dissiper.

SETOC.

Va, je ne suis pas leur dupe. Un ami que la mort m'a ravi depuis quinze ans, initié dans les mystères des brames, m'a fait connaître les détours de leur temple et de leurs cœurs. Depuis ce temps, j'ai voyagé ; je n'ai jamais resté plus de huit jours à Bassora. On dit qu'ils font rendre des oracles à la statue colossale de leur dieu. J'ignore par quel secret ils la font parler ; mais la statue et ses oracles ne m'en ont point imposé.

ANDROS.

Pourquoi donc adresser tes vœux à leur Brama ?

SETOC.

Tous les cultes sont permis à Bassora ; mais il faut en suivre un.

ANDROS.

Tous les cultes sont permis ! Dites-donc que leurs sectaires se déchirent. J'ai vu les juifs outrager les catholiques, les catholiques invectiver les musulmans, les musulmans fuir avec horreur les partisans de Brama. O mortels ! ne sauriez-vous avoir une opinion, sans damner celui qui ne pense pas comme vous ? Je respecte les sentimens, les erreurs même de mes frères ; mais c'est cette intolérance que je veux détruire.

SETOC.

Je te seconderai dans cette belle entreprise.

SCÈNE III.

Les précédens, DOM JÉRONIMO
accourant.

DOM JÉRONIMO.

Ah ! quelle horreur ! le jour de la désolation de l'abomination est arrivé.

ANDROS.

Qu'est-ce donc ? Qu'avez-vous donc ?

DOM JÉRONIMO.

Ah ! Santo Jéronimo, mon patron ! S. François de Padoue ! S. Jacques de Compostelles ! S. Pierre, S. Paul ! S. Jean-Baptiste !

ANDROS.

Eh ! laissez-là vos litanies, et expliquez-vous.

DOM JÉRONIMO.

Dans les auto-da-fés dont nous avons enrichi l'ancien et le nouveau monde, à Madrid, à Séville, à Lisbonne, à Goa, nous brûlons tous les Juifs qui ont le bonheur d'être enfermés dans la *sancta casa* ; mais c'est par charité pour leur âme.

ANDROS.

Vil imposteur ! auras-tu bientôt fini ?

DOM JÉRONIMO.

Imposteur ! Le révérend père dom Jéronimo, inquisiteur pour la foi, un imposteur ! Ah ! si nous étions en Espagne, comme je vous ferais danser, petit philosophe français ! Moi, un imposteur ! quand tout l'univers sait que c'est moi qui ai été envoyé par notre saint père le pape dans ces contrées lointaines pour y planter la foi; que je suis le missionnaire chargé par toute la chrétienté de baptiser tous les héritiques, tous les païens que je rencontrerai sur ma route ! Un imposteur ! moi l'aumônier de la caravane des chrétiens arrivée hier dans Bassora !

SETOC.

Eh bien, mon révérend père inquisiteur, missionnaire, aumônier, ne pourriez-vous nous dire enfin ce qui vous met si fort en colère ?

SCÈNE IV.

Les précédens, AARON *accourant*.

AARON.

Dieu des Juifs, quand tu nous donnas ta loi sainte sur le mont Sinaï, prévoyais-tu qu'un jour les enfans des hommes se porteraient à ces extrémités ? Je suis l'enfant de Lévi, chargé de présenter au Seigneur les hommages et les vœux des israélites rassemblés à Bassora pour le temps de la foire. Je vous avoue que je gémis sur l'erreur de ce pauvre peuple, qui se laisse abuser ainsi par les brames.

SETOC.

Qu'est-ce donc que tout cela veut dire ?

SCÈNE V.

Les précédens, ALLABRAK *accourant*.

ALLABRAK.

Par la barbe de Mahomet ! voilà un peuple bien fou ! Nous empalons de temps en temps des Grecs et des chrétiens à Constantinople ; mais nous aimerions mieux avoir cinq cents femmes que d'en brûler une seule.

SETOC.

Ah ! je le vois, c'est de la jeune Almona qu'ils veulent parler.

ANDROS.

Eh bien ?

SETOC.

Son mari est mort ; elle est riche, jolie, dévote ; et pour se conformer à l'usage, elle va se brûler aujourd'hui sur le tombeau de son époux.

ANDROS.

O fanatisme ! où conduis-tu les hommes !

ALLABRAK.

Ne feraient-ils pas mieux de la vendre au pourvoyeur du grand sultan, avec lequel je suis arrivé à Bassora ?

ANDROS.

L'humanité suffirait pour m'attacher à cette malheureuse victime ; mais elle est jeune, elle est jolie, et je sens, sans la connaître, qu'un intérêt plus tendre va me faire voler à sa défense.

ALLABRAK.

C'est une horreur, que cet usage-là.

DOM JÉRONIMO.

C'est une infamie.

AARON.

Ah ! combien notre culte est supérieur ! Comme il est facile de distinguer à ses signes divins le peuple chéri de Dieu, la véritable et la seule religion !

DOM JÉRONIMO.

La religion catholique.

AARON.

La religion juive.

ALLABRAK.

Dites-donc la religion mahométane.

DOM JÉRONIMO.

Oui, la religion mahométane. Je ne connais pas de plus insigne brigand que ton prétendu prophète.

ALLABRAK.

Dis donc de plus grand homme.

AARON.

De plus grand homme ! Et que direz-vous donc de Moyse, le porteur de la parole de Dieu ? Quand il n'y aurait que sa victoire sur les magiciens de Pharaon.....

ALLABRAK.

Oui, mettez en comparaison les tours de gibecière d'un escamoteur avec les prodiges de Mahomet.

AARON.

Ce sont des tours d'escamoteur peut-être, que le buisson ardent, la verge de fer, le serpent et les pantoufles de mon grand-père Aaron ?

ALLABRAK.

Et qu'est-ce que c'est que tout cela, auprès des entretiens du prophète avec le céleste pigeon ?

AARON.

Et les sauterelles d'Egypte, le passage de la mer rouge, la manne, l'eau du rocher, les quarante ans dans le désert, le soleil arrêté par Josué, les cruches de Gédéon, le temple de Salomon, la mort de Goliath, et la mâchoire d'âne de Samson?

ALLABRAK.

Et le tombeau de la Mecque, suspendu depuis mille ans, les versets qui tombent du ciel, le petit chat Borax, le pont pas plus large qu'un cheveu, et tranchant comme un rasoir, et la lune coupée en deux par Mahomet, dont la moitié dans sa manche?

DOM JÉRONIMO.

Et S. Denis portant sa tête, S. Paul dans le troisième ciel, les sourds qui voient, les aveugles qui marchent, les boiteux qui entendent, le chien de l'Apocalypse, la trompette du jugement dernier, et, et...?

ANDROS.

Là, là, bonnes gens que vous êtes, calmez-vous, ne vous enrouez pas. Vous adorez tous un Dieu, et ce Dieu, c'est le même que j'adore, c'est celui que tous les hommes reconnaissent, en se disputant follement sur la manière de lui rendre hommage. Prouvez que votre religion est la meilleure, non par vos discours, mais par la pratique de toutes les vertus, et commencez par sauver cette veuve infortunée.

ALLABRAK.

Hélas! je le voudrais de bon cœur; mais je ne suis qu'un pauvre iman; mon culte divin n'est que toléré dans Bassora; je ne veux compromettre ni ma religion ni son ministre.

AARON.

Mon métier est de gagner des âmes à la sourdine, et

non pas de choquer ouvertement les usages des peuples chez lesquels je me trouve.

DOM JÉRONIMO.

Si je cherchais à la sauver, son bûcher est assez grand pour nous deux : et il y a déja tant de martyrs dans le calendrier !

ANDROS.

Eh bien, le philosophe sera plus courageux que le prêtre. Avant la fin du jour, j'aurai cessé de vivre, ou les bûchers seront éteints pour jamais. Setoc, instruis-moi des détails de cette horrible fête. Dis, avez-vous une loi qui défende à la femme de survivre à son époux ?

SETOC.

Non; mais un antique usage entraîne au bûcher la veuve du riche parée de ses habits de noces, de ses plus beaux ornemens, et l'impitoyable respect humain lui commande la gaieté dans ce douloureux moment ; il faut qu'elle mêle ses chants à ceux des femmes qui l'accompagnent, et des brames qui la conduisent.

ANDROS.

Et quel serait le sort de celle qui oserait braver le préjugé ?

SETOC.

Un mépris universel jusqu'au tombeau.

ANDROS.

Et la victime est-elle libre jusqu'au moment du sacrifice ?

SETOC.

Oui, elle peut l'avancer, le retarder à son gré.

ANDROS.

Il suffit.

ALLABRAK.

Qu'est-ce donc que cet homme-là ?

AARON.

C'est un théiste, un philosophe.

ALLABRAK.

Qu'est-ce que ça, un philosophe ?

AARON.

C'est un être plus dangereux pour vous et pour moi que les théologiens des sectes qui nous sont contraires.

ANDROS.

Qu'entends-je ? (*On entend un prélude.*)

SETOC.

C'est la victime qui marche au bûcher.

ANDROS.

Laisse-moi, je vais l'entretenir.

SETOC.

Courage, Andros; je vais me mêler parmi le peuple. J'ai des amis; compte sur eux et sur moi.

SCÈNE VI.

LES PRÉCÉDENS, ALMONA, BRAMES, PEUPLE.

(*Almona est portée en palanquin.*)

CHŒUR *de brames et de femmes.*

Honneur, honneur, gloire éternelle
A la vertueuse Almona !
Vit-on jamais veuve plus belle
Aller se reposer dans le sein de Brama ?

ALMONA.

O bon ange, à qui j'ai su plaire,
Ouvre-moi les portes du ciel !   (*bis.*)
A travers les feux de la terre,
Je vais voler à l'Eternel.   (*bis.*)

Mon époux a fait le voyage ; (bis.)
J'étais bien jeune et lui bien vieux ;
Mais dans le ciel on n'a pas d'âge ;
Tout dans le ciel doit être pour le mieux.

CHŒUR.

Honneur, honneur, etc.

ANDROS.

Peuple, brames, arrêtez.

LE GRAND BRAMINE.

Qu'est-ce que c'est ?

UN BRAME.

Un jeune homme qui nous arrête !

LE GRAND BRAMINE.

Qu'est-ce qu'il demande ?

ANDROS.

Un quart-d'heure d'entretien avec la veuve.

AARON *au bramine.*

Défiez-vous de lui.

ALLABRAK.

C'est un philosophe.

LE GRAND BRAMINE.

Un philosophe ! Qu'est-ce qu'il veut lui dire ?

ANDROS.

C'est à elle que je veux parler.

LE GRAND BRAMINE.

Ça ne se peut pas.

SETOC, *sortant de la foule.*

Mais la loi...

LE GRAND BRAMINE.

La loi ! la loi ! et le bûcher qui est allumé !

CADOR, *sortant de la foule.*

Vous ne pouvez pas vous dispenser....

LE GRAND BRAMINE.

Comment ! je ne peux pas ?

CADOR et SETOC.

Non, vous ne pouvez pas....

LE GRAND BRAMINE.

Eh bien, allons, calmez-vous ; puisque je ne le peux pas, je ne m'y oppose point; qu'il l'entretienne. Allez, ma fille, mais défiez-vous des malices du mauvais ange ! On dit que c'est un philosophe. Dans un quart-d'heure nous reviendrons vous chercher. (*Ils sortent.*)

SCÈNE VII.

ANDROS, ALMONA.

ALMONA.

Que me voulez-vous ?

ANDROS.

Quel son de voix enchanteur ! Et tant de charmes seraient la proie des flammes ! Ah ! mon âme se soulève à cette seule idée.

ALMONA.

Ce jeune homme porte la douceur sur sa figure. Il ne m'a point encore parlé, et je sens mon cœur voler au-devant du sien.

ANDROS.

Aimable veuve, permettez-moi de vous contempler, de vous admirer. Je crois voir la rose des jardins que l'aquilon va flétrir dès son aurore.

ALMONA.

Ah ! ne me vantez pas tant d'attraits, qui bientôt ne seront plus.

ANDROS.

Ce ne sont point ces attraits, c'est le sacrifice que vous en faites, qui vous honore davantage. Comment se lasser d'admirer votre vertu, votre constance, votre amour, qui vous engagent à ne pas survivre à votre époux ?

ALMONA.

Mon amour ! vous vous trompez, je ne l'aimais pas.

ANDROS.

Quoi !...

ALMONA.

Il était vieux, jaloux, brutal, intéressé....

ANDROS.

Et c'est pour un tel homme que vous marchez à la mort !

ALMONA.

Ce n'est pas pour lui.

ANDROS.

Mais vous me feriez croire qu'il y a un plaisir bien délicieux à être brûlée toute vive.

ALMONA.

Ah ! cela fait frémir la nature ; mais il faut en passer par-là.

ANDROS.

Pourquoi?

ALMONA.

Je suis dévote, je serais perdue de réputation, et tout le monde se moquerait de moi, si je ne me brûlais pas.

ANDROS.

Ainsi, c'est pour les autres, c'est par vanité que vous renoncez à la vie ?

ALMONA.

La vie est-elle donc si précieuse pour moi?

ANDROS.

Mais êtes-vous donc dans l'âge de renoncer au bonheur ?

ALMONA.

Hélas ! quelquefois je m'égare dans des vœux indiscrets : je n'ai point eu la douceur d'être mère, et j'aurais tant chéri mes enfans ! Ah ! je sens que j'étais née pour aimer et pour être aimée ; et cependant il faut mourir !

ANDROS.

Mourir, Almona !

ALMONA.

Etranger !

DUO.

ALMONA.	ANDROS.
Je sais que c'est une folie ;	Vivez ; c'est moi qui vous en prie :
Mais il faut céder à mon sort,	Vivez, cédez à mon transport.
Et je vais pour un époux mort,	Faut-il donc pour un époux mort
Sur un bûcher perdre la vie.	Sur un bûcher perdre la vie ?
	Plutôt que brûler tant d'appas,
	Avec moi partez pour la France.
Renoncez à votre espérance,	
Il faut que je marche au trépas.	
	Une femme, dans ma patrie,
	Se conduit bien différemment !
	Et si son époux perd la vie,
	Elle en prend un autre à l'instant.
Oh ! combien j'aime cet usage !	Imitez ce charmant usage,
Je rendrais un amant heureux.	Et rendez un amant heureux.
Hélas ! il parle de ses feux ;	Pour vous je sens naître des feux
Je sens que mon cœur les partage.	A votre sort l'amour m'engage.
Je suis sensible à ton ardeur.	Ah ! sois sensible à mon ardeur.
Mieux que toi l'amour parle encore.	Ecoute un amant qui t'implore.
Oui, bel étranger, je t'adore ;	Oui, bel Almona, je t'adore,
Et je le jure par mon cœur,	Et j'en atteste ma douleur,
	Avec moi tu pars pour la France.
	Oh ! combien ce jour a d'appas !
Je veux combler ton espérance.	
Pour toi je renonce au trépas.	

Je vis, je deviens ton amie ;   Tu vis, tu deviens mon amie ?
Ensemble bénissons le sort :   Ensemble bénissons le sort :
L'hymen me guidait à la mort ;   L'hymen te guidait à la mort,
Mais l'amour me rend à la vie.   Mais l'amour te rend à la vie.

ALMONA.

Ah ! grands Dieux ! je tremble. J'entends les braines.

ANDROS.

Ne crains rien ; je prends le ciel à témoin de mon amour, de mes sermens : ce n'est plus la veuve Almona, c'est mon épouse que je défends.

SCÈNE VIII.

Les précédens, LE GRAND BRAMINE, PEUPLE et PRÊTRES.

LE GRAND BRAMINE.

Le quart-d'heure est passé : la conversation est-elle finie ?

ANDROS.

Oui, et je vous déclare que vous pouvez éteindre le bûcher. Almona ne se brûlera pas.

LE GRAND BRAMINE.

Elle ne se brûlera pas ? Ô impiété ! ô scandale ! Quoi ! vous avez cédé aux conseils de l'ange noir, Almona ?

ALMONA.

Hélas ! oui ; soleil d'équité.

LE GRAND BRAMINE.

Et vous ne songez pas au mépris qui vous attend dans cette vie, aux tourmens que vous vous préparez dans l'autre ! Ah ! je veux vous sauver malgré vous ! Prêtres, saisissez la victime.

ANDROS.

Peuple, défendez la veuve qu'il n'a point droit d'immoler.

LE GRAND BRAMINE.

Et de quel droit viens-tu réformer notre culte ? Sais-tu qu'il y a mille ans que les femmes sont en possession de se brûler.

ANDROS.

Qu'importe ? c'est un abus qu'il faut détruire.

LE GRAND BRAMINE.

Je suppose que ce soit un abus ; est-il rien de plus respectable qu'un ancien abus ?

ANDROS.

La raison est plus ancienne.

LE GRAND BRAMINE.

La raison ! peuple, défiez-vous de cet homme ; on dit que c'est un philosophe. Ces gens-là n'ont jamais dans la bouche que les mots de justice, de raison et d'humanité.

ANDROS.

Peuple, je ne te proposerai point de proscrire cet usage féroce ; je ne te ferai point voir combien il est pernicieux à la population, combien il enlève de jeunes femmes en état de donner des enfans à la patrie. Ne gênons personne ; laissons à celle qui le voudra absolument, la liberté de se brûler ; mais qu'aucune femme ne puisse marcher au bûcher, sans avoir eu préalablement un quart-d'heure d'entretien avec un jeune homme, et je te réponds qu'il ne s'en brûlera pas beaucoup.

LE PEUPLE.

Oui, oui.

LE GRAND BRAMINE.

Voilà une belle loi ! Peuple, permettez-moi de vous observer....

CADOR.

Venez faire vos observations au conseil des sages, devant lequel nous allons conduire Andros pour qu'il y propose sa bienfaisante loi.

LE GRAND BRAMINE.

Mais, écoutez donc.

ANDROS.

O vous, jeunes épouses, et vous, jeunes filles, qui serez un jour épouses et mères, accompagnez-moi devant le conseil des sages, c'est votre cause que je défends.

LES FEMMES.

Nous vous appuierons, nous vous défendrons.

CHŒUR DE FEMMES.

Honneur à l'aimable Français
Qui se montre l'appui des femmes,
Et qui vient de sauver des flammes
D'Almona les jeunes attraits.

SCÈNE IX.

LES PRÊTRES seuls.

LE GRAND BRAMINE.

Voilà les femmes qui s'intéressent en sa faveur, et nous ne tenons plus rien. De quelle religion est donc ce hardi novateur ?

DOM JÉRONIMO.

Je n'en sais rien ; mais il n'est pas catholique.

AARON.

Ni juif.

ALLABRAK.

Ni musulman. N'est-il pas venu hier arracher mes fidèles croyans de la mosquée, pour les faire voler au secours d'un vaisseau indien qui allait faire naufrage en entrant dans le port !

LE GRAND BRAMINE.

Ah ! vraiment, si ce n'était que cela.

ALLABRAK.

Comment ! que cela. N'est-ce pas pis que d'arracher d'innocentes victimes à votre cupidité ?

LE GRAND BRAMINE.

Ne semble-t-il pas que tout soit perdu parce qu'on a troublé le culte de votre faux prophète ?

ALLABRAK.

Mahomet, faux prophète !

DOM JÉRONIMO.

Mes chers confrères, calmez-vous ; ceci est plus sérieux que vous ne pensez. Ecoutez : nous sommes tous du métier, ainsi nous pouvons parler franchement. Croyez-moi, réunissons-nous pour perdre le philosophe, et nous nous disputerons après. Vous savez ce que les gens de cette espèce ont fait en France.

ALLABRAK.

Il a raison.

LE GRAND BRAMINE.

Que faire ?

DOM JÉRONIMO.

Ne pourrions-nous pas lui supposer quelque bon forfait ?

LE GRAND BRAMINE.

Tous les cultes sont permis à Bassora ; mais il est défendu de les troubler dans leur exercice : or il a publiquement mal parlé des étoiles.

AARON.

Hier, d'après la permission de Setoc son maître, il a donné un repas aux esclaves de diverses religions.

ALLABRAK.

On y a bu du vin, contre la loi de Mahomet.

LE GRAND BRAMINE.

On y a mangé un poulet contre la loi de Brama, qui défend de toucher à des viandes.

AARON.

Le poulet était piqué de lard, contre la loi de Moyse.

DOM JÉRONIMO.

Et c'était hier vendredi, jour maigre; il a fait gras, contre la loi de l'église. Que de crimes! que de crimes! Dressons l'acte d'accusation. Quelle correction lui imposons-nous? Comme c'est la première fois qu'il a péché, et que mon Dieu me prescrit la tolérance et l'humanité, j'opine pour qu'on le brûle vif.

AARON.

Comme il faut être généreux, qu'il soit crucifié.

LE GRAND BRAMINE.

Il faut convertir et non détruire; qu'il soit précipité dans la mer.

ALLABRAK.

De la tolérance! il est un jour de repentir pour le pécheur : qu'il soit empalé.

DOM JÉRONIMO.

Bon, mes amis, unissons nos pieuses intentions, et empêchons ce philosophe de propager ses principes. C'est que, si on l'en croyait, il suffirait de reconnaître un Dieu et d'être honnête homme pour être sauvé.

QUATUOR.

Malheur à toi, traître Français!
On peut pardonner une insulte;
Mais alors que l'on touche au culte,
On a commis tous les forfaits.

LE GRAND BRAMINE.

Amis, au gré de notre envie,
Vengeons-nous de cet apostat.

AARON.

Au nom du bon prophète Elie,
Faisons mourir ce renégat

ALLABRAK.

Suivant la mode de Turquie,
En public qu'il soit empalé.

DOM JÉRONIMO.

En Espagne, il serait brûlé,
Mais en grande cérémonie.

Ensemble.

Malheur à toi, traître Français !
On peut pardonner une insulte ;
Mais alors que l'on touche au culte,
On a commis tous les forfaits.

Fin du premier acte.

ACTE II.

Le Théâtre représente les bosquets sacrés de Brama.

SCÈNE PREMIÈRE.

ANDROS, ALMONA.

ANDROS.

Ou me conduisez-vous, ma chère Almona ?

ALMONA.

Je vous conduis au temple de Brama, et déja nous sommes dans ses bosquets sacrés.

ANDROS.

Et pourquoi me conduisez-vous dans ce temple ? Qu'ai-je à démêler avec Brama ?

ALMONA.

Quoi ! ne desirez-vous pas le nom de mon époux ?

ANDROS.

En me l'accordant, vous assurez mon bonheur.

ALMONA.

Eh bien, ne faut-il pas qu'une cérémonie sainte...

ANDROS.

Mais je suis loin d'adopter votre culte !

ALMONA.

Ah ! j'entends ; vous êtes d'une secte différente, et vous voulez suivre votre religion. Seriez-vous juif ?

ANDROS.

Non.

ALMONA.

Musulman ?

ANDROS.

Pas du tout.

ALMONA.

Vous êtes donc chrétien ?

ANDROS.

Je suis un homme sensible qui reçois les bienfaits de l'Etre-Suprême avec reconnaissance, et qui crois lui rendre hommage en aimant, en instruisant, en secourant l'homme, son plus bel ouvrage.

ALMONA.

J'entends peu de chose à ta morale ; mais au moins je t'offre un grand desir de m'instruire. Ta voix pénètre jusqu'à mon cœur. Mais cependant il faut bien qu'un Dieu préside à notre hymen.

ANDROS.

Arrivés en France, nous ratifierons notre union suivant les formes prescrites par les lois. Crois d'ailleurs à la promesse que je te fais.

AIR.

Jamais je ne serai parjure,
Almona : crois-en mes sermens ;
Mais ne suivons que la nature ;
Voilà le vrai dieu des amans.

Ah ! si l'on trahit dans la vie
Des sermens dictés par le cœur,
Que fera d'un prêtre imposteur
L'inutile cérémonie ?

Charmant objet de ma tendresse,
Forme avec moi de tendres nœuds,
Et pour témoin de ma promesse,
Ne prends que la voûte des cieux.

ALMONA.

Ah ! mon cher Andros ! quel est ton pouvoir sur mon cœur ! Tu me séduis toujours ; est-ce à ton éloquence, à mon amour, à la vérité de tes principes, que je cède ? En vérité, je l'ignore. N'importe, je te dois la vie, je te dois le bonheur d'aimer. Eh bien, j'en croirai tes sermens ; tu ne peux être perfide avec un cœur aussi humain.

SCÈNE II.

Les précédens, SETOC.

SETOC.

Andros, fuis, fuis malheureux ! les prêtres ont juré ta perte ; ils ont oublié leurs querelles pour se liguer contre toi. Le juif, le turc, le chrétien et le chef des brames t'imputent je ne sais quel crime. Ils t'ont cité au tribunal ; je ne devance que d'un instant les gardes chargés de t'arrêter. On va vîte, en matière de religion ! Dans une heure, tu dois être jugé.

ALMONA.

Ah ! grand Dieu !

ANDROS.

Fuir ! ce serait m'avouer coupable. J'ai détruit un usage affreux, j'ai sauvé mon amie, j'ai fait mon devoir, je brave les prêtres, et je reste.

SCÈNE III.

Les précédens, CADOR, gardes.

CADOR.

Généreux Français, je remplis avec peine mon ministère. Au nom des magistrats de Bassora, je t'arrête. Suis-moi en prison.

ALMONA.

Et c'est moi qui cause ton malheur !

ANDROS.

Sèche tes larmes, ô ma chère Almona ! Ne pleurez point, mes amis, mon cœur est exempt de remords ; il jouit de la bonne action qu'il a faite ; je n'ai jamais été si heureux. N'oubliez point votre ami Andros. Je puis succomber sous l'accusation ; mais ma mort ne sera peut-être pas perdue pour le peuple, et achevera de l'éclairer. Je vous suis.

(Il sort avec Cador et les prêtres.)

SCÈNE IV.

SETOC, ALMONA.

ALMONA.

Et il périrait, quand je lui dois la vie ! Non, je veux qu'il me la doive à son tour.

SETOC.

Et par quels moyens ?...

ALMONA.

Ce sont les prêtres des quatre cultes qui l'accusent.

SETOC.

Oui, s'il était possible, par force ou par adresse, de les faire renoncer à l'accusation...

ALMONA.

Leur désistement suffirait ? Il est sauvé.

SETOC.

Mais expliquez-moi....

ALMONA.

Il est sauvé, vous dis-je. Mais ne perdez point de temps. Vous avez des amis ; les femmes s'intéressent en sa faveur.

Parlez, priez, pressez, conjurez. J'aperçois le prêtre chrétien qui s'avance de ces côtés. Laissez-moi seule avec lui.

SETOC.

Prenez-garde ! ces drôles sont fins ! (*Il sort.*)

ALMONA.

Leur amour-propre me répond d'eux. O mes faibles attraits ! je vous implore.

SCÈNE V.

ALMONA, DOM JÉRONIMO.

DOM JÉRONIMO, *sans voir Almona.*

Le charmant jardin ! les délicieux bosquets ! Cela ne m'étonne point, ils sont sacrés. Je vois que les brames sont aussi adroits dans l'Inde, que les moines en Europe. Ah ! si les prêtres de France avaient voulu nous en croire, on n'aurait pas vendu leur église en détail, pièce par pièce ! C'est qu'on aurait vendu les moines eux-mêmes.

ALMONA, *à part.*

Qui voudrait se charger de pareille marchandise?

DOM JÉRONIMO.

Au fait, ils méritaient tout cela. Il fallait nous en croire, nous imiter, et dès le commencement du dix-huitième siècle, établir en France une petite inquisition, brûler deux ou trois mille hérétiques, une centaine de philosophes, le tout en l'honneur du Dieu de miséricorde.

ALMONA, *à part.*

Le monstre ! comme il défigure la Divinité ! Mais tu ne brûleras pas mon philosophe.

DOM JÉRONIMO.

En Espagne, nous avons tout ce qu'il y a de meilleur,

belles maisons, beaux parcs, étangs magnifiques, et les plus jolies dévotes. Cela me rappelle des idées.

ALMONA, *à part.*

Les jolies dévotes ! Il est temps de paraître. (*Haut.*) Salut, pasteur des chrétiens.

DOM JÉRONIMO.

C'est vous, belle Almona ? (*A part.*) Oh ! l'agréable minois !

ALMONA.

Que faisiez-vous seul dans ces bosquets ?

DOM JÉRONIMO.

Je méditais pieusement sur la vanité des hommes et sur le mépris qu'on doit faire des richesses. Je vois avec peine que vos brames vivent comme des mendians. Et vous ?

ALMONA.

Faut-il vous parler franchement ? Je vous cherchais.

DOM JÉRONIMO, *à part.*

Comme elle a l'air éveillé ! C'est comme je les aime. (*Haut.*) Ma fille, je n'en doute pas, le Seigneur a de grands desseins sur vous ; ce matin, il vous a sauvé des flammes.

ALMONA.

Pourquoi donc voulez-vous brûler celui qui m'a délivrée ?

DOM JÉRONIMO.

C'est que d'ailleurs c'est un très-mauvais sujet ; et c'est-là que j'ai reconnu le doigt de Dieu, qui souvent se sert des enfans du démon pour parvenir à ses fins.

ALMONA.

Vous parlez de votre religion avec un ton qui m'enchante ; le ministre me fait aimer le Dieu.

DOM JÉRONIMO.

Vous me charmez, belle Almona; c'est le ciel qui m'a conduit dans ces lieux pour vous sauver, pour vous convertir.

(*Il lui prend les mains avec chaleur.*)

ALMONA.

Modérez votre zèle.

DOM JÉRONIMO.

AIR.

Vous m'inspirez une dévote ardeur :
Je sens auprès de vous redoubler ma ferveur.
  Pour vous conduire à la béatitude,
    Je veux employer mes efforts.
Ce serait pour mon cœur un supplice trop rude
    De voir damner l'ame d'un si beau corps.
  Mais pour parler de la vie éternelle,
    Et des plaisirs du paradis,
En ces lieux, en plein jour, je sens gêner mon zèle;
Car enfin on peut être interrompu, surpris.
  Belle Almona, si vous vouliez vous rendre
Sous ces mêmes bosquets, vers le déclin du jour....
    Vous m'inspirez un intérêt si tendre !
Je veux, au nom de Dieu, vous y parler d'amour.

ALMONA, *à part*.

Il est à moi. (*Haut.*) Comment ! mais c'est un rendez-vous que vous me demandez.

DOM JÉRONIMO.

Mes intentions sont si pures ! Me l'accordez-vous ?

ALMONA.

J'ai un si grand desir d'entrer dans la véritable religion mais j'y mets une condition.

DOM JÉRONIMO.

Laquelle ?

ALMONA.

Signez sur ces tablettes le désistement de l'accusation contre Andros.

DOM JÉRONIMO.

Que me demandez-vous ?

ALMONA.

Il a mérité son sort, je le sais ; mais n'est-ce pas assez des trois autres pour le perdre ? Pardonnez-lui, vous, prêtre d'un Dieu de paix. Votre clémence l'empêchera peut-être de mourir dans l'impénitence finale.

DOM JÉRONIMO.

J'entends bien ; mais...

ALMONA.

C'est à ce prix que je mets le rendez-vous et ma conversion.

DOM JÉRONIMO.

A ce prix ? (*A part.*) Il n'en sera pas moins brûlé sur la poursuite des trois autres. (*Haut.*) Il faut faire tout ce que vous voulez. (*Il signe.*) Mais dans une heure....

ALMONA.

Dans une heure.

DOM JÉRONIMO.

Voyez si j'ai à cœur votre salut ; je pardonne à un philosophe !

ALMONA.

Eloignez-vous ; on pourrait nous surprendre. (*A part.*) Il est pris.

DOM JÉRONIMO, *à part.*

Je la tiens. C'est que je n'ai jamais eu d'aussi jolie pénitente en Espagne ! (*Haut.*) Jusqu'à l'heure du rendez-vous, je puis achever mon sermon sur la chasteté. (*Il sort.*)

SCÈNE VI.

ALMONA, *seule*.

L'hypocrite ! avec son manteau noir et blanc, son ton dolent, sa tête chauve, comme il s'enflamme ! Mais ne nous arrêtons pas en si beau chemin. Je vois venir le grand bramine. C'est mon bonheur qui me l'adresse. Courage, Almona ; changeons de rôle et de ton, et la victoire est sûre.

SCÈNE VII.

ALMONA, LE GRAND BRAMINE.

LE GRAND BRAMINE, *se frottant les mains*.

O grand bramine ! la belle journée pour toi ! Tu vas faire brûler un philosophe.

ALMONA, *baissant son voile*.

O mes faibles attraits ! je vous invoque encore.

LE GRAND BRAMINE.

Nous verrons après cela, si nos veuves se feront prier pour marcher au bûcher !

ALMONA.

Fils aîné de la grande Ourse.

LE GRAND BRAMINE.

N'est-ce pas cette impie Almona ? Retirez-vous, vous êtes maudite.

ALMONA.

Frère du Taureau, cousin du grand Chien, lumière de l'Esprit ; œil droit de Brama, ne rejetez pas une pauvre repentante.

LE GRAND BRAMINE.

Eh ! elle n'a oublié aucun de mes titres !

ALMONA.

Je viens vous confier mes scrupules.

LE GRAND BRAMINE.

Vos scrupules ! vous êtes bien osée.... (*A part.*) Je ne l'avais pas encore examinée ; mais c'est qu'elle a l'air jeune !

ALMONA.

J'ai bien peur d'avoir commis un péché énorme, en ne me brûlant pas dans le bûcher de mon cher époux.

LE GRAND BRAMINE.

Oui, sans doute, ma fille, vous avez commis.... Oh ! comme le son de sa voix est doux et intéressant !

ALMONA.

En effet, qu'avais-je à conserver ? une chair périssable et déja toute flétrie. (*Elle tire ses bras de dessous sa robe.*)

LE GRAND BRAMINE.

Par Brama, je n'ai jamais vu de plus beaux bras.

ALMONA.

Vous voyez le peu que cela vaut.

LE GRAND BRAMINE.

Comment ! mais c'est que cela vaut beaucoup, au contraire.

ALMONA.

Hélas ! le bras peut être un peu moins mal que le reste ; mais vous conviendrez que la figure n'était pas digne de mes attentions. (*Elle lève son voile.*)

LE GRAND BRAMINE.

Le belle bouche !

ALMONA.

Que me restait-il encore à vivre, d'ailleurs ? Savez-vous que j'ai déja vingt ans ?

LE GRAND BRAMINE.

Les beaux yeux !

ALMONA.

Et puis toujours faible, toujours languissante ! On ne le voit que trop à la pâleur de mon teint.

LE GRAND BRAMINE.

La pâleur de votre teint ! quand vos joues sont animées du plus vif incarnat ! Et toutes ces richesses étaient pour un vieil époux qui n'avait pas l'esprit de les apprécier, Almona !

ALMONA.

Grand pontife !

LE GRAND BRAMINE.

Que sont tous les feux du firmament, le soleil, la lune, les étoiles, auprès de vos charmes? Des feux-follets, pas davantage.

ALMONA.

En vérité, j'ai donc bien fait de ne pas me brûler ?

LE GRAND BRAMINE.

Sans contredit. S'il était permis maintenant au chef des brames d'oser lever ses yeux sur tant d'attraits, je vous dirais, prunelle de mon ame, que mon cœur, que mon amour, que mes sentimens.....

ALMONA.

Ah ! puis-je entendre parler d'amour, quand mon libérateur est sur le point de périr ?

LE GRAND BRAMINE.

Hélas ! en votre faveur, je lui ferais grace volontiers ; mais le Juif, le Turc, le Chrétien.

ALMONA.

Ah ! si vous vouliez signer sur ces tablettes que vous vous désistez de l'accusation, je ne les craindrais pas ; et qu'aurais-je alors à vous refuser ?

LE GRAND BRAMINE.

Vous m'enchantez.

ALMONA.

Allons, signez.

LE GRAND BRAMINE.

Que je signe ? (*A part.*) Que risqué-je ? Les trois autres ne signeront pas. (*Haut.*) Je le veux bien ; mais faisons nos conventions.

ALMONA.

Et quelles conventions voulez-vous que nous fassions ? Quand l'étoile du Shéat paraîtra sur l'horizon, je me retrouverai sous ces bosquets sacrés ; et vous connaissez ma dévotion, mon zèle et ma docilité pour les enfans de Brama.

LE GRAND BRAMINE.

Je vous entends, et je signe aveuglément. (*Il signe.*)

ALMONA.

Je me retire ; de la discrétion !

LE GRAND BRAMINE.

Soyez tranquille. Je ne suis pas arrivé à l'âge de soixante ans sans avoir appris à me taire.

ALMONA.

Je le crois.

LE GRAND BRAMINE.

Quelle félicité !

ALMONA.

La facilité que j'ai trouvée pour ces deux signatures me répond d'avance des autres. (*Elle sort.*)

LE GRAND BRAMINE.

A l'étoile de Shéat ; ne manquez pas !

SCÈNE VIII.

LE GRAND BRAMINE *seul*.

Qui m'aurait dit qu'à l'âge de soixante ans, j'inspirerais de tendres sentimens à une aussi charmante personne ? C'est à Brama que je dois cette dernière bonne fortune. Mais je ne sais quelle défiance s'empare de moi ! Comment ! à mon âge ; soutenir un galant rendez-vous ? Brama, qui m'a fait accorder la promesse d'Almona, me continuera ses faveurs ! Et quand je me regarde d'ailleurs, il me semble que je ne suis point encore si décrépit. Un sot craindrait que Brama ne le punît ; pour violer son vœu de continence ; mais moi, je sais fort bien...

COUPLETS.

Jouir est un droit de nature,
Qui tient à l'homme, à son état ;
Quand on promet le célibat,
N'est-ce pas lui faire une injure ?
Les hommes en vain font des vœux ;
La nature est plus forte qu'eux.

En Europe, c'est la même chose.

Les curés ont des gouvernantes ;
Les confesseurs, les directeurs
Des couvens ont les jeunes sœurs,
Et puis d'aimables pénitentes.
Les prêtres en vain font des vœux ;
La nature est plus forte qu'eux.

Dès que j'aperçois une femme,
Puis-je m'empêcher d'admirer,
De soupirer, de desirer ?
N'ai-je pas des yeux, quoique brame ?
Les brames en vain font des vœux ;
La nature est plus forte qu'eux.

L'étoile de Shéat ne tardera pas à paraître ; je ne quitterai point ces lieux.

SCÈNE IX.

DOM JÉRONIMO, LE GRAND BRAMINE.

DOM JÉRONIMO.

L'heure du rendez-vous s'approche, ne nous faisons point attendre.

LE GRAND BRAMINE.

Ciel! que vois-je, le Dominicain?

DOM JÉRONIMO.

Qu'aperçois-je? le Bramine?

LE GRAND BRAMINE.

Le fâcheux?

DOM JÉRONIMO.

L'importun!

LE GRAND BRAMINE.

Bien enchanté de vous rencontrer.

DOM JÉRONIMO.

C'est moi, plutôt, qui suis au comble de la joie...

LE GRAND BRAMINE.

Il faut l'éloigner.

DOM JÉRONIMO.

Tâchons de nous en débarrasser.

LE GRAND BRAMINE.

Je vous croyais auprès des juges, occupé à solliciter contre ce Français.

DOM JÉRONIMO.

Vous y seriez plus nécessaire que moi.

LE GRAND BRAMINE.

Moi, je n'entends rien à la dispute; mais vous qui avez fait tant de fois vos preuves en Espagne...

DOM JÉRONIMO.

Le Juif et le Turc n'y sont-ils pas?

LE GRAND BRAMINE.

Oui; mais, entre nous, leurs religions sont si absurdes! au lieu que la vôtre...

DOM JÉRONIMO.

C'est une politesse que vous me faites, pour que je vous la rende. (*A part.*) Il ne s'en ira pas.

LE GRAND BRAMINE, *à part.*

Il restera là, je crois, jusqu'à demain!

DOM JÉRONIMO.

Il y a à la porte du temple de Brama plusieurs initiés qui voudraient vous montrer les clous qu'ils se sont enfoncés dans le corps.

LE GRAND BRAMINE.

Je viens de rencontrer une jeune dévote fort riche qui vous cherche, pour se confesser : avec un peu d'adresse, on obtiendrait d'elle des fonds pour établir un couvent de dominicains à Bassora.

DOM JÉRONIMO.

Les initiés, avec les clous, apportent les offrandes de toute l'Arabie.

LE GRAND BRAMINE.

Elle est jolie!

DOM JÉRONIMO.

Aurait-il quelque soupçon?

LE GRAND BRAMINE.

Voudrait-il me renvoyer?

SCÈNE X.

Les précédens, AARON.

AARON.

Trouvez-vous dans un quart-d'heure sous les bosquets sacrés... M'y voilà.

DOM JÉRONIMO.

Le Juif! Que le ciel le confonde!

LE GRAND BRAMINE.

Bon! en voilà deux maintenant dont il faut que je me débarrasse!

AARON.

Que vois-je? le Brame et le Chrétien! Quel contre-temps!

DOM JÉRONIMO.

Qui vous amène ici, seigneur Aaron?

AARON.

Oh! rien que de très-ordinaire. La soirée est charmante, et je viens profiter de la fin du jour pour méditer sur un passage de la Bible. Je ne vous gêne pas? *(Il tire la Bible de sa poche).*

DOM JÉRONIMO.

Pas du tout. Je vais dire mon Bréviaire. *(Il tire son Bréviaire).*

LE GRAND BRAMINE.

Vous verrez qu'il faudra que je m'amuse à contempler le coucher du soleil.

TRIO.

(Le Juif lit la Bible, le Chrétien son Bréviaire, le Brame contemple le soleil.)

LE GRAND BRAMINE.

Savoir se priver du sommeil
Pendant une journée entière,

Fixer hardiment le soleil,
C'est ce qu'on a de mieux à faire,
Pour trouver place au paradis.
O toi, bon époux et bon père,
Toi qui sers si bien ton pays,
En vain, par ta vie exemplaire,
Crois-tu gagner le paradis,
Sais-tu t'arracher la paupière,
Sais-tu te priver du sommeil
Pendant une journée entière,
Oses-tu fixer le soleil !

AARON.

Oh ! que la Bible est un beau livre !
Comme il est bon à méditer !
C'est-là qu'on voit quel est l'exemple à suivre,
Quels sont les gens que l'on peut imiter.
J'aime Jonas et sa baleine,
Le déjeûner d'Ezéchiel,
La fosse aux lions de Daniel,
Et de Saba la complaisante reine.
L'âne de Balaam ; pour la gloire du ciel,
Judith amante d'Holopherne,
Par ses frères Joseph plongé dans la citerne,
Enfin tous les hauts faits des enfans d'Israël.

DOM JÉRONIMO.

Sancta Barbara, ora pro nobis.
Sancta Maria, ora pro nobis.
Sancta Catharina, ora pro nobis.
A furore dæmonis libera nos Domine.
A febre pestiferâ libera nos Domine.

TOUS TROIS.

Quel embarras ! quel embarras !
Hélas ! ils ne s'en iront pas.

LE BRAMINE.

O grand Brama !

LE CHRÉTIEN.

Meâ culpâ, meâ culpâ,
Meâ maximâ culpâ.

LE JUIF.

O Daniel !
Ezéchiel !
Charmante reine de Saba !

TOUS TROIS.

Quel embarras ! quel embarras !
Hélas ! ils ne s'en iront pas.

SCÈNE XI.

Les précédens, ALLABRAK.

ALLABRAK.

C'est ici, je crois, l'endroit qu'elle m'a indiqué ; mais que vois-je ?

DOM JÉRONIMO.

Le Turc ! Il ne manquait plus que lui !

ALLABRAK.

Que faites-vous donc ici, seigneur Aaron, aujourd'hui samedi ? J'ai cru que vous teniez sabbat.

AARON.

Je sors de la synagogue. Mais vous ? n'y a-t-il pas parmi les musulmans un nouveau-né à circoncire ?

ALLABRAK.

Non, c'est pour demain..... J'enrage.

AARON.

Je sèche sur pied.

DOM JÉRONIMO.

Je grille.

LE GRAND BRAMINE.

L'impatience me dévore.

SCÈNE XII.

Les précédens, ALMONA.

AARON.

J'entends du bruit.

ALLABRAK.

C'est-elle.

LE GRAND BRAMINE.

La voilà.

DOM JÉRONIMO.

Comment faire ?

ALMONA.

Tous les quatre ici ! vous êtes exacts au rendez-vous !

LE GRAND BRAMINE.

Taisez-vous donc.

DOM JÉRONIMO.

Paix.

ALLABRAK.

Silence.

AARON.

Chut.

ALMONA.

Vous savez apparemment que, sur ma prière, c'est ici que les magistrats de Bassora doivent s'assembler pour juger le philosophe Andros.

LE GRAND BRAMINE.

Ici ! Qu'est-ce que cela veut dire ?

DOM JÉRONIMO.

Vous plaisantez, ou je n'y entends rien.

ALLABRAK.

Allons donc, se serait-elle moqué de moi ?

AARON.

M'aurait-elle joué ? En vérité...

ALMONA.

Oui, et c'est moi qui me suis chargée de le défendre. Il m'a sauvé ce matin, je veux le sauver ce soir.

LE GRAND BRAMINE.

Nous ne pouvons blâmer...

AARON.

Une reconnaissance...

ALLABRAK.

Aussi naturelle.

DOM JÉRONIMO.

C'est très-beau de votre part.

ALMONA.

C'est vers l'heure ou l'étoile de Shéat commence à briller, que les juges doivent se rendre en ces lieux. Ainsi ils ne tarderont pas, et j'entends déja le peuple qui s'avance vers ces bosquets.

LE GRAND BRAMINE.

Ceci devient embarrassant !

AARON.

Comment me tirer de là ?

ALLABRAK.

Par Mahomet ! je ne sais comment cela finira.

DOM JÉRONIMO.

Ah ! S. Polycarpe ! me voilà pris.

SCÈNE XIII.

Les précédens, CADOR, SETOC, les juges, le peuple.

CADOR.

Chef des brames, et vous, prêtres de tous les cultes, vous vous êtes portés accusateurs contre Andros, le Français : répondez, quels sont les crimes que vous lui imputez ?

DOM JÉRONIMO.

Eh bien, parlez donc cher Bramine.

LE GRAND BRAMINE.

Parlez, vous, mon cher Dominicain; vous avez plus d'éloquence que moi.

DOM JÉRONIMO.

Je passe la parole au cher Iman.

ALLABRAK.

Parlez le premier, mon cher Rabbin.

AARON.

Point ; c'est un honneur que je ne veux point enlever au chef des brames.

CADOR.

Eh bien, vous vous taisez ?

ALMONA.

Et ce n'est pas sans cause, vénérable oreiller de la justice. Les prêtres sont trop équitables, trop humain, trop généreux, pour vouloir perdre celui qui n'est pas coupable. Ils ont reconnu l'innocence d'Andros. La preuve, la voilà. Parcourez ces tablettes ; vous y verrez le désistement de l'accusation signé par les quatre accusateurs.

LE GRAND BRAMINE.

Quoi ! vous avez signé ?

LES TROIS AUTRES.

Oui ; et vous ?

TOUS LES QUATRE.

Moi de même.

ALLABRAK.

Ah ! la double friponne !

DOM JÉRONIMO.

La scélérate !

AARON.

Comme elle nous a dupés !

LE GRAND BRAMINE.

Je reste confondu.

ALMONA.

Faut-il maintenant vous dire à quel prix ils m'ont vendu la grace d'Andros ? Tous les quatre m'ont trouvée digne de leur amour, tous quatre m'ont promis des indulgences et le paradis, que chacun arrange à sa façon. Le paradis et les indulgences sont de très-bonnes choses en elles-mêmes ; mais la vie de mon libérateur m'a paru plus précieuse, et il ne m'a fallu que quatre promesses de rendez-vous pour l'obtenir.

SETOC.

Qu'attendez-vous, ô juges du peuple ? l'innocence d'Andros est démontrée. Courons, volons à sa prison.

LE PEUPLE.

Oui, oui.

LE GRAND BRAMINE.

Arrêtez, peuple de Bassora. J'ai eu une faiblesse, un moment d'erreur impardonnable ; mais Brama qui lit au fond de mon cœur mon sincère repentir, ne m'a pas retiré sa confiance. Il m'échauffe, il m'inspire ; peuple, écoute ce que ton Dieu te dit par ma bouche.

FINALE.

Peuple, attends dans le silence
La volonté de Brama.

CHŒUR.

Attendons en silence
La volonté de Brama.

LES TROIS PRÊTRES.

L'habile prêtre que voilà !

SETOC, CADOR et ALMONA.

L'insigne fourbe que voilà !

SETOC.

D'Andros tu connais l'innocence ;
Peuple, rends-lui sa liberté.

LE GRAND BRAMINE.

Que pour une heure encore Andros soit arrêté,
Et Brama sur son sort prononcera lui-même.
Par sa statue il parlera,
Et l'oracle prononcera
D'Andros la sentence suprême.

LE CHŒUR.

Et l'oracle prononcera
D'Andros la sentence suprême.

LES TROIS PRÊTRES.

L'habile prêtre que voilà !

SETOC, CADOR et ALMONA.

L'insigne fourbe que voilà !

CHŒUR.

Attendons, attendons en silence
La volonté de Brama.

LE GRAND BRAMINE *aux brames*.

Vous, dont je connais la prudence,
Suivez-moi ; j'ai besoin de vous.

SETOC à *Almona*.

Ah ! pour vous je crains leur vengeance ;
Croyez-moi, fuyez leur courroux.

LE GRAND BRAMINE *aux brames*.

Il faut rédiger notre oracle,
Punir cette indigne Almona,
Et nous ménager un miracle,
Pour mieux mettre en crédit Brama.

SETOC, *à Almona*.

Je vois sourire le traître,
Il médite quelque horreur.

LE GRAND BRAMINE, *au peuple*.

Vous allez bientôt connaître
Qui de nous est imposteur.

LE PEUPLE.

Nous allons bientôt connaître
Qui du philosophe ou du prêtre
Est le véritable imposteur.

LE GRAND BRAMINE.

Retirez-vous, attendez en silence
La volonté de Brama.

LE CHŒUR.

Retirons-nous, attendons en silence.
La volonté de Brama.

LES TROIS PRÊTRES.

L'habile prêtre que voilà !

SETOC, CADOR et ALMONA.

L'insigne fourbe que voilà !

Fin du deuxième acte.

ACTE III.

Le Théâtre représente l'intérieur du temple de Brama. L'avant-scène forme un sanctuaire environné d'une balustrade. Au milieu du sanctuaire, la statue colossale de Brama. Il fait nuit; le temple est éclairé par des lustres.

SCÈNE PREMIÈRE.

SETOC, ALMONA, *dans le sanctuaire.*

(Setoc porte des provisions).

ALMONA.

Où sommes-nous?

SETOC.

Dans le sanctuaire du temple.

ALMONA.

Quoi! dans cette enceinte sacrée, inaccessible aux profanes?

SETOC.

Oui, soyez tranquille, je connaissais les détours, les souterrains de cet immense édifice, avant qu'ils eussent construit cette statue colossale, et je puis vous soustraire aux poursuites des brames.

ALMONA.

Quoi! vraiment, vous croyez qu'ils en veulent à mes jours?

SETOC.

La vengeance est un morceau de prêtre. Vous les avez joués ; le sage, l'innocent qu'ils veulent perdre, est votre amant, votre époux. Peut-être ont-ils déja investi votre maison. J'ai répandu adroitement le bruit que vous veniez de vous embarquer. Ils croiront sans doute que la frayeur a précipité votre départ, et ce sont eux-mêmes qui vont vous donner un asyle ; c'est dans le centre de leurs souterrains, où jamais ils ne portent leurs pas, que la plupart d'entre eux même ne connaissent point, que je vais vous conduire. Tous les jours je vous porterai votre nourriture, et là, vous attendrez sans crainte que le temps et la raison aient enfin anéanti leur puissance.

ALMONA.

Mais, Andros, mon libérateur, mon époux !

SETOC.

Mes amis et moi, nous allons tout employer pour le sauver. Voilà cette statue qui doit prononcer sa sentence. J'ai vu les prêtres se renfermer ; ils étaient ici il n'y a qu'un instant. Il m'a fallu épier le moment de leur sortie pour m'introduire dans ce sanctuaire. L'heure fatale que le fourbe de grand bramine a demandée au peuple est sur le point d'expirer. Oh ! si je pouvais découvrir par quels moyens ces scélérats fascinent les yeux du peuple, et quels ressorts opèrent leurs prodiges !...

UNE VOIX.

Est-ce vous, grand bramine ?

ALMONA.

Qu'entends-je ?

SETOC.

D'où part cette voix ?

LA VOIX.

Est-ce vous ? répondez donc.

ALMONA.

C'est du creux de cette statue.

SETOC.

Les brames seuls ont l'entrée de cette enceinte. Un de leurs complices nous prendrait-il pour eux, et les trahirait-ils involontairement? Ecoutons.

LA VOIX.

Est-ce vous, mon père? répondez donc.

SETOC, *contrefaisant la voix du grand bramine.*

Oui, mon fils, c'est moi.

LA VOIX.

L'heure de l'oracle approche-t-elle?

SETOC

Oui; mais il me reste encore bien des instructions à vous donner; ne pourriez-vous descendre?

LA VOIX.

Je descends; mon père, je descends; mais je ne me serais pas hasardé à paraître dans le sanctuaire sans votre ordre.

SETOC.

Ah! fripons, je vous tiens. (*On voit dans le milieu de la statue une porte s'ouvrir, et Ibrahim paraître*)

ALMONA.

Qui jamais se serait douté qu'il y avait là une porte?

SCÈNE II.

Les précédens, IBRAHIM.

IBRAHIM.

Me voilà. (*Apercevant Setoc*). Ah!

SETOC.

Qu'avez-vous?

ALMONA.

Qu'est-ce que c'est que cette pâle figure ?

IBRAHIM.

Hélas ! mon Dieu ! ce sont sans doute des anges de ténèbres qui ont pris la voix du grand-pontife pour me séduire.

SETOC.

Rassurez-vous, je ne suis point un mauvais ange, je suis homme, et ne peux vouloir de mal à une créature humaine.

IBRAHIM.

Homme ! (*Apercevant Almona.*) Ciel ! que vois-je ?

SETOC.

La joie se peint dans ses yeux.

ALMONA.

Comme il me regarde !

IBRAHIM.

Oh ! non, ce charmant objet n'est point un ange de ténèbres. O toi que je ne sais comment nommer ! être adorable, je ne peux pas trouver de parole pour exprimer ce que tu me fais sentir.

SETOC.

Vous ne savez comment nommer une femme ?

IBRAHIM.

Une femme ! cela s'appelle une femme ? Ah ! la jolie chose qu'une femme !

SETOC.

Comment ! vous n'en avez jamais vu ?

IBRAHIM.

Jamais.

SETOC.

Et depuis quand donc êtes-vous dans cette statue ?

IBRAHIM.

Depuis toute éternité.

SETOC.

Bon ! Et qui donc êtes-vous ?

IBRAHIM.

Moi, je suis une intelligence céleste.

SETOC.

En vérité ?

IBRAHIM.

Oui, un génie.

SETOC.

Un génie ? vous faites bien de le dire.

IBRAHIM.

Je suis la voix de Dieu, l'organe de Brama, chargé de rendre ses oracles au peuple.

SETOC.

C'est qu'il vous affirme tout cela avec une bonne-foi qui me confond. Il faut qu'il soit niais, ou que les brames soient bien fins.

IBRAHIM.

Mais ne m'accablez plus de questions; laissez-moi contempler cet être délicieux que vous appelez une femme.

ALMONA.

Quels regards ! Non, quand ils l'auraient fait faire exprès, les brames ne pourraient avoir d'être plus favorable à leurs desseins.

SETOC.

Comme nos facultés, pourtant, dépendent de notre éducation ! Entre les mains des hommes, cet ingénu serait peut-être parvenu à avoir le sens commun.

ALMONA.

Comme intelligence céleste, vous n'êtes sujet, sans

doute, à aucun besoin; vous ne connaissez ni la faim, ni la soif?

IBRAHIM.

Oh! que si fait!

SETOC.

Bon! et de quoi vivez-vous, grand génie que vous êtes?

IBRAHIM.

De racines que les brames m'apportent dans ma statue, et de l'eau de la fontaine de purification.

SETOC.

Comment! vous n'avez jamais bu de vin?

IBRAHIM.

Quest-ce que çà, du vin?

SETOC, *prenant une bouteille dans le panier de provisions qu'il a apportées pour Almona.*

Goûtez.

IBRAHIM.

Oh! la bonne liqueur! Encore.

SETOC.

Volontiers.

IBRAHIM.

Comme le vin flatte le goût! comme la femme flatte les yeux.

SETOC.

Mais, dites, que faites-vous dans cette statue?

IBRAHIM.

Je vous l'ai déja dit, je rends des oracles. Le grand bramine m'apporte mon instruction; il faut que je l'apprenne par cœur, et c'est bientôt fait: j'ai tant de mémoire!

SETOC.

C'est tout simple, un génie!

IBRAHIM.

Tout-à-l'heure encore, il vient de m'apporter l'oracle d'aujourd'hui que j'ai dans ma poche, et que je sais déja. Il s'agit....

ALMONA.

De condamner à mort un philosophe, n'est-ce pas.

IBRAHIM.

Oui.

SETOC.

Je m'en doutais.

ALMONA.

Les scélérats !

SETOC.

Vous savez donc lire ?

IBRAHIM.

Tout couramment. Ce sont les brames qui m'ont appris.

SETOC.

Mais le reste du temps, que faites-vous ?

IBRAHIM.

Ce que je fais, je bâille, je dors, et je m'ennuie.

SETOC.

Quoi ! vos idées ne se portent point hors de cette statue ? vous n'avez point de desirs ? vous ne faites point de rêves ?

IBRAHIM.

Oh ! je m'en garde bien ! J'en ai eu autrefois des desirs. Je me demandais à moi-même, je demandais au grand-prêtre par quel moyen, depuis quel temps j'étais dans cette statue ; je lui racontais des songes que j'avais faits. Je me croyais hors de la statue, hors du temple : je voyais des êtres semblables à la femme, qui me souriaient, qui m'agaçaient. Ces songes, me répondait-il, sont des tentations de l'esprit malin ; défiez-vous-en ! vous êtes-là de tous temps, par le moyen de votre toute puissance ; mais ne m'interrogez plus, ne pensez plus, ou vous perdrez votre divinité. Et moi je n'ai plus pensé.

SETOC.

Pauvre innocent !

IBRAHIM.

Mais je ne sais, ma tête s'échauffe, mon cœur palpite ; je me sens tout étourdi ; j'ai une envie de babiller que je ne conçois pas.

SETOC.

Vous allez voir que j'aurai enivré le dieu.

IBRAHIM.

Jamais je n'ai senti le plaisir que j'éprouve en ce moment ; mon état a été si monotone jusqu'à présent !

COUPLETS.

Suivant les brames, sur la terre
Du ciel je puis lancer le feu ;
Je suis le maître du tonnerre ;
Si je les en crois, je suis dieu.
A n'être jamais gai ni triste,
A dormir, puis à s'ennuyer,
Si le métier de dieu consiste,
Ma foi, c'est un triste métier.

SETOC.

Il a raison.

IBRAHIM.

Mais si tu voulais, ô toi qu'on appelle femme !....

Je sens d'une ardeur inconnue
Mon cœur brûler auprès de toi.
Dans le creux de cette statue,
O femme ! viens vivre avec moi ;
Cède à mes vœux, femme chérie,
Je cesserai de m'ennuyer,
Et le dieu, dans ta compagnie,
Prendra du goût à son métier.

ALMONA.

Il est galant !

SETOC.

Il a le vin tendre, notre dieu !

ALMONA.

Comme ils ont pétri cet enfant à leur fantaisie !

IBRAHIM.

Eh mais, mon Dieu ! comment rendre mon oracle. La tête me tourne, mes yéux se ferment, pour ainsi dire, malgré moi.

ALMOMA.

Allons, le voilà ivre tout-à-fait.

SETOC.

J'entends les brames au bas des cent degrés du temple.

IBRAHIM.

Hélas ! je suis perdu : s'ils me voient hors de ma niche, il me báttront.

SETOC.

Comment ! ils battraient leur dieu ! Mais écoutez, ô ma chère Almona ! nous chercherions en vain une retraite plus sûre que l'intérieur de cette statue, je vais m'y ensevelir avec vous. Allons, venez, cher dieu ; vous desiriez sa compagnie, elle vous l'accorde, et je porte avec moi cette délicieuse liqueur que vous aimez tant. (*En montrant sa bouteille.*) Voilà de quoi l'achever.

IBRAHIM, *en sautant*.

Oh ! la bonne chose ! la bonne chose ! Entrez, entrez, je vais vous montrer le chemin. (*Il rentre dans la statue.*)

ALMONA.

Et Andros, mon époux !

SETOC.

Ne craignez rien, il est sauvé ; mais cachons-nous promptement ; j'entends les brames. (*Ils entrent dans la statue, et ferment la porte.*)

SCÈNE III.

LES BRAMES.

UN BRAMINE.

Il m'a semblé que j'entendais parler.

LE GRAND BRAMINE.

Bon ! c'est sans doute Ibrahim qui répétait son oracle.

LE BRAMINE.

Je le crois.

LE GRAND BRAMINE.

Mais êtes-vous bien sûr que cette Almona se soit embarquée ?

LE BRAMINE.

Très-sûr.

LE GRAND BRAMINE.

Bon. Nous n'avons plus qu'à songer à notre miracle. La nuit est répandue sur Bassora ; voilà l'instant qui nous convient. Vous, allez-vous placer au tonnerre, vous aux éclairs, et vous, ouvrez les portes au peuple. (*Les trois brames sortent. A ceux qui restent.*) Le philosophe une fois écrasé ; nous nous occuperons des prêtres des autres cultes.

(*Le fond du théâtre s'ouvre ; on voit paraître dom Jéronimo, Allabrak, Aaron derrière le sanctuaire.*)

SCÈNE IV.

Les précédens, DOM JÉRONIMO, ALLABRAK, AARON, LE GRAND BRAMINE.

LE GRAND BRAMINE.

Justement, je les aperçois. Entrez, approchez, mes chers confrères; nous nous faisons un plaisir de recevoir dans notre sanctuaire les sages des autres nations. (*Les trois prêtres entrent dans le sanctuaire.*) D'ailleurs, vous n'oubliez pas que nous faisons cause commune.

DOM JÉRONIMO.

Il est vrai.

AARON.

C'est juste.

ALLABRAK.

Vous avez raison.

LE GRAND BRAMINE.

Chut; voici le peuple.

SCÈNE V.

Les précédens, LE PEUPLE *derrière la balustrade.*

LE GRAND BRAMINE.

Habitans de Bassora, conduisez l'étranger aux pieds de la statue, pour qu'il entende lui-même sa sentence sortir de la bouche de Brama. Mes frères, mes amis, notre dieu nous commande le pardon des injures, et, quelque affront que j'aie reçu de ce philosophe, je joins mes prières aux vôtres pour implorer en sa faveur la clémence de Brama. Mais que je crains que mes vœux ne soient impuissans ! Il a déja manifesté sa colère : vous connaissiez cette impie Almona, sa complice ; je l'ai vue chercher son salut dans la fuite, et j'ai vu le frêle vaisseau sur lequel elle était embarquée, englouti par les flots.

SCÈNE VI et dernière.

Les précédens, ANDROS.

ANDROS, *conduit par les brames au pied de la statue.*
Almona n'est plus ! ah ! je meurs avec moins de regrets.

LE GRAND BRAMINE.

Approche, coupable étranger ; l'oracle va lui-même prononcer ta sentence.

ANDROS.

L'oracle, ô peuple ! qui fait parler Dieu, cherche à tromper les hommes.

LE GRAND BRAMINE.

O peuple ! tremblez de partager son châtiment, si vous l'écoutez.

MORCEAU D'ENSEMBLE.

A genoux, ou Brama va vous réduire en poudre.
Entendez-vous gronder sa foudre ?

LE PEUPLE.

Nous entendons gronder la foudre.

LE GRAND BRAMINE.

Silence.

UNE VOIX.

Je ne suis point un dieu, je n'ai point cet honneur.
O peuple ! ne sois plus la dupe de tes prêtres.
Andros est innocent, les brames sont des traîtres ;
Renverse la statue, et connais ton erreur.

LES BRAMES.

Dieux ! quels mots se font entendre ?

LE PEUPLE.

Ciel ! je n'y puis rien comprendre.

CADOR.

Renversons la statue, et sortons de l'erreur.

(Le Peuple se met en mouvement pour renverser la statue ; Setoc en ouvre la porte).

ANDROS.

Ciel ! que vois-je ? Almona ! Setoc !

CADOR.

Est-il possible ? Et quel est donc ce troisième personnage ?

IBRAHIM *se réveillant.*

Qui ? moi ? je suis l'oracle. Pardon, pardon, grand bramine, ils m'ont endormi ; mais voilà l'instruction ; je m'en vais la lire.

CADOR *lui arrachant le papier.*

Donne. (*Il lit.*)

« Un philosophe, un imposteur,
« Des honneurs du bûcher cherche à priver les femmes.
« Peuple, reconnais ton erreur,
« Brûle le philosophe, et révère les brames. »

DOM JÉRONIMO.

Est-il possible, ô grand bramine, que vous abusiez ainsi le peuple ?

ALLABRAK.

C'est une horreur !

AARON.

C'est une abomination !

CADOR.

Vil scélérat, va subir la peine qui t'est due.

LE GRAND BRAMINE *s'en allant.*

O Brama !

CADOR.

C'en est fait, nous abjurons la religion des brames et nous tombons à tes genoux, généreux Andros.

ANDROS.

Relevez-vous ; je ne suis point un dieu, je ne suis point un prêtre, je ne veux pas l'être.

DOM JÉRONIMO.

Il a raison. C'est la religion catholique qu'il faut adopter.

AARON.

Point, c'est celle de Moyse.

ALLABRAK.

Non, c'est celle de Mahomet.

CADOR.

Eh bien, Andros, nous te faisons juge entre eux.

DOM JÉRONIMO.

Prononcez en ma faveur, et je vous fais pape de l'Inde entière.

AARON.

Déclarez-vous pour moi ; je vous fais passer pour le Messie.

ANDROS.

O peuple de Bassora ! pourquoi voulez-vous une religion dominante ? Chacun d'eux vous dira : Croyez-moi, ou vous êtes perdus. Mais moi, peuple, qui ne suis point prêtre, je te dirai : Eh ! qu'importe que chacun adore Dieu à sa manière ? Tolérons tous les cultes. De quelle influence peut être pour notre bonheur public et particulier notre diversité d'opinions sur la manière de rendre hommage à la Divinité ? Ce qui nous intéresse tous, c'est d'être d'accord sur la morale. Mortel, de quelque religion que tu sois, tu trouveras cette morale gravée dans ton cœur. Interroge-le ; te dit-il d'être ingrat, imposteur, inhumain ? Non ; il te dit de traiter autrui comme tu veux qu'il te traite; il te commande d'aimer, de secourir ton semblable, ton frère, sans t'informer s'il est juif, musulman ou papiste; sois donc bon citoyen, bon père, bon époux, bon ami; sers les hommes et ta patrie, et tu auras rempli tous les devoirs qu te prescrit l'Etre-suprême, le Dieu de toutes les religion

DOM JÉRONIMO.

D'après cela, notre règne est fini.

ANDROS.

Embrassez-vous; plus de querelles
Aimer, servir l'humanité,
C'est la manière la plus belle
D'honorer la Divinité.

TOUS.

Embrassons-nous, etc.

FIN.

OUVRAGES NOUVEAUX qui se trouvent chez le même Libraire.

Les Oisifs, comédie épisodique en un acte et en prose, par L. B. Picard, 1 fr. 25 c.

Le Rival par amitié, vaudeville en 1 acte, par Dumolard et Favard, 1 fr. 20 c.

Le Bavard et l'Entêté, comédie en un acte, en vers, par Barjaud et D***, 1 fr. 25 c.

Monval et Sophie, drame en trois actes et en vers, par Aude, 1 fr. 50 cent.

Les Avant-Postes du maréchal de Saxe, comédie en un acte et en prose, mêlée de vaudevilles, par Moreau et Dumolard, 1 fr. 25 cent.

M. Lamentin, ou la Manie de se plaindre, comédie en un acte et en vers, par Dorvo, 1 fr.

Bon Naturel et Vanité, ou la Petite Ecole des Femmes, comédie en un acte et en vers, par Dumolard, 1 fr. 20 c.

Le Jeune Médecin, ou l'Influence des Perruques, comédie en un acte et en prose, par Picard, 1 f.

L'Ami de tout le monde, comédie en deux actes et en prose, par le même, 1 fr.

Le Mariage des Grenadiers, ou l'Auberge de Munich, comédie en un acte et en prose, par le même, 1 fr.

Les Ricochets, comédie en un acte et en prose, par le même. 1 fr.

L'Opinion du Parterre, ou Revue des Théâtres, septième année, 1810, 2 francs. Les six premières années se vendent chacune 2 fr.

On trouve chez le même libraire une collection nombreuse de costumes d'acteurs de tous les Théâtres de Paris, en différens rôles; ces gravures coloriées sont de grandeur à être mises à la tête des pièces, et se vendent 30 centimes chacune.

www.ingramcontent.com/pod-product-compliance
Lightning Source LLC
LaVergne TN
LVHW022125080426
835511LV00007B/1029